DOCUMENT

RÉIMPRESSION DES THÈSES

DE

l'Union de Fribourg

1883-1893

IMPRIMERIES RÉUNIES DU CENTRE
TOURS ET BLOIS
EMMANUEL RIVIÈRE, INGÉNIEUR DES ARTS ET MANUFACTURES
2, Rue Haute, BLOIS

1903

DOCUMENT

RÉIMPRESSION DES THÈSES

DE

l'Union de Fribourg

1883-1893

IMPRIMERIES RÉUNIES DU CENTRE
TOURS ET BLOIS
EMMANUEL RIVIÈRE, INGÉNIEUR DES ARTS ET MANUFACTURES
2, Rue Haute, BLOIS

1903

INTRODUCTION

Dans l'histoire du développement de la pensée, il est certaine période où ce développement paraît cesser, où parfois même on croit assister à un recul. Ainsi en est-il advenu pour le développement des questions économiques en général, et spécialement de l'enseignement théologique qui les concernait. Les doctrines libérales et rationalistes ont étouffé ou, tout au moins, obscurci les inébranlables principes sur lesquels reposaient les familles, les associations, les peuples, les États ; la conception d'une société organisée, de l'usage légitime des biens de la terre, des devoirs qu'impose la propriété, s'effaça lentement de beaucoup d'esprits. L'homme avec ses fins surnaturelles, ne fut plus considéré comme le principe et la cause finale de la production ; la subsistance de tous les hommes ne fut plus regardée comme le but du travail ; on ne s'occupa que de créer la richesse, sans avoir égard à la répartition de cette richesse. L'homme isolé n'avait d'autre valeur que celle d'un instrument de travail, qui, une fois employé pour l'usage de la société, peut être jeté de côté. En vertu de ces principes, on rejeta comme surannées les doctrines concernant le juste prix et l'usure.

Mais bientôt on reconnut que ces erreurs étaient funestes, qu'elles étaient la source d'un mal terrible. Alors on étudia ce mal et les moyens d'y remédier. On vit, en regardant le passé, que dans le passé tout n'était pas mauvais ; on reconnut que d'antiques et inébranlables principes doivent survivre à toutes les circonstances et à toutes les époques ; suivant les époques, l'application de ces principes peut varier ; mais ils doivent être maintenus, si l'on veut que la société vive.

Il y a vingt ans, on commença à prendre plus nettement conscience de cette nécessité. En France, après la guerre, des hommes généreux la proclamèrent ; en Allemagne, quelques années auparavant, Ketteler avait commencé un semblable mouvement, et l'Autriche ne restait pas en arrière. Dans ce réveil des études sociales, Rome prit une place importante. Mgr Domenico Jacobini, archevêque de Tyr, et Mgr Mermillod, évêque de Genève et Lausanne, dirigeaient, à Rome, un comité *international* d'études sociales. Sous forme de résolutions, ce comité proclama certains principes, dont les divers comités d'études nationaux, spécialement réunis en Allemagne, en France et à Rome, prirent connaissance dans la suite.

A la Société internationale d'études de Rome succéda, à Fribourg, sous la présidence de Mgr Mermillod, un autre comité international, dont cet opuscule reproduit les décisions.

DÉCISIONS

PREMIÈRE PARTIE

RÉGIME DU TRAVAIL

SALAIRE.

Le salaire indispensable à l'entretien de la classe ouvrière dans sa condition normale, eu égard au temps et lieu, constitue l'élément primordial de ce que tout accord de travail doit procurer en stricte justice.

Ce salaire, répond-il suffisamment aux exigences de la justice sociale, qui règle, en vue du bien commun, les rapports entre les diverses classes de la société ou entre les individus et le corps social? Il faut en douter. La classe ouvrière a droit de trouver dans un certain complément au salaire indispensable un moyen d'améliorer sa condition, notamment d'arriver à la propriété.

Le complément au salaire indispensable ne saurait avoir partout même forme et même mesure. Il est constitué par une participation à la prospérité de l'industrie. L'équité demande que la participation à la prospérité de l'industrie qui l'emploie lui soit corrélative.

Sans prétendre qu'un accord de cette nature soit nécessaire ou suffisant pour le règne de la paix sociale, il faut y reconnaître un progrès sur le salariat proprement dit.

Le rôle des pouvoirs publics est de favoriser la conclusion et la généralisation des meilleurs contrats et de promouvoir les organisations sociales qui s'y rattachent, ou, tout au moins, d'y orienter l'ensemble des lois, des mœurs et des institutions.

C'est en application de ces idées que les décisions suivantes ont été prises.

I

Abstraction faite des droits antérieurs, surtout de ceux qui découlent soit de la nature, soit de conventions librement conclues, chacun acquiert sur le produit immédiat de son travail un droit en soi absolu, qui lui permet d'en disposer à son gré et à son profit.

II

L'homme par son travail, n'acquiert point de titres immédiats à la libre disposition des fruits qu'il ne produit pas lui-même par un travail indépendant. Cependant le travail engendre pour le travailleur un droit moral, et par conséquent pour la société le devoir correspondant de veiller à ce que, en thèse générale, le travailleur puisse, par un labeur modéré, se procurer une subsistance suffisante pour lui et les siens.

III

Les divers éléments qui concourent à la production économique peuvent se résumer sous les deux rubriques des biens matériels et du travail. Le travail ne comprend pas seulement le travail manuel, mais aussi le travail intellectuel de la conception, de la direction et de la surveillance d'une entreprise. Les biens matériels ne comprennent pas seulement les biens naturellement productifs, mais aussi les instruments productifs par le travail humain, et enfin tout l'ensemble d'un établissement industriel. Outre les biens matériels et le travail, il convient de faire entrer en ligne de compte les risques et périls inséparables de toute entreprise économique. La proportion, toutefois, dans laquelle ces divers éléments participent en tant que causes partielles au résultat final, ou dans laquelle, suivant les préceptes d'une stricte justice, chacun d'eux aurait droit à une partie du bénéfice, ne saurait être déterminée, même approximativement, pour chaque entreprise économique en particulier, attendu que plusieurs de ces éléments son sujet à des variations infinies. Néanmoins la statistique peut fournir des données pour établir une proportion moyenne équitable dans l'estimation de la valeur d'usage et de l'efficacité de chacun de ces éléments.

IV

La coopération proportionnelle ne saurait donner la mesure immédiate de cette contribution, parce que l'efficacité des divers éléments est trop sujette aux variations et qu'une distribution proportionnelle, dans le sens strict du mot, ne peut avoir lieu que dans les cas où les divers producteurs du résultat final sont coordonnés et non subordonnés les uns aux autres ; car la coordination n'est en aucune façon la seule et unique modalité conforme au droit et à la nature des choses. Lors donc qu'une autorité supérieure n'intervient pas, il ne reste d'autre moyen que le contrat libre entre les parties intéressées pour fixer la part du bénéfice et le mode de participation au profit. Cependant, soit l'équité, soit même la justice exigent que, dans ce contrat libre, on ait égard à la part proportionnelle qui revient en moyenne à tel ou tel élément dans la production du bénéfice final, d'autant plus que, dans la plupart des cas, l'ouvrier se trouvera vis-à-vis du patron dans un état de dependance.

V

Le salaire pour le travail ou le salaire du travailleur trouve son application dans les rapports de subordination, là où le travail se met au service et se fait au profit d'une autre personne. On peut dire, par conséquent, que le salaire est la compensation pour un travail fait en faveur d'un tiers.

Dans la *forme*, le salaire diffère essentiellement du profit qui reviendrait au travail par le partage du bénéfice final lorsque le travail est coordonné au capital par un contrat de société.

L'*essence* du salaire n'exclut cependant pas que la compensation comprenne une quote-part déterminée du profit final. Ce mode se recommande particulièrement pour le travail de la terre par des ouvriers-salariés. Une autre forme du salaire se compose à la fois d'un paiement en espèces et de la nourriture de l'ouvrier. Aujourd'hui le mode le plus universellement reçu consiste dans le paiement du salaire en argent comptant. Chacune de ces formes est justifiée. L'une peut être préférable à l'autre suivant les différentes entreprises et d'autres considérations.

VI

Le minimum de salaire se calcule immédiatement d'après l'estimation générale de la valeur effective du travail humain, en tant que cette estimation n'est pas basée sur un abus ou sur l'exploitation de la misère des classes ouvrières. Lorsque le patron n'emploie pas l'ouvrier par charité dans des circonstances où le travail de ce dernier ne lui rapporte qu'un profit peu rémunérateur, une pareille estimation doit toujours présider au contrat entre le patron et l'ouvrier. ***Médiatement***, le salaire minimum doit se régler d'après les besoins de l'ouvrier pour sa subsistance et ne doit pas, par conséquent, demeurer audessous du taux nécessaire à l'ouvrier dans les circonstances ordinaires pour subvenir aux frais de son entretien et de celui de sa famille.

En thèse générale, les pouvoirs publics (corporations, communes, États) doivent s'abstenir d'un intervention directe, et favoriser plutôt le partage équitable et juste par une bonne organisation du travail.

Partout où le contrat libre entre patron et ouvrier entraîne soit l'oppression, soit le danger d'oppression de celui-ci par le premier, les pouvoirs publics peuvent et doivent même, suivant les circonstances, exercer leur action, afin que les travailleurs reçoivent au moins la subsistance nécessaire pour eux et leurs familles et pour porter remède à la misère. Les ordonnances des pouvoirs publics, données dans ce but, obligent *in conscientia et in stricta justitia.*

VIII

Le taux du salaire ne pouvant être le même dans les divers pays, un règlement international pour le salaire n'est guère possible; mais ce qui est possible et serait désirable, c'est une entente internationale sur les principes à observer par chaque État pour régler les conditions économiques, de même que l'adoption de quelques règles générales, conformes à la loi chrétienne.

Il faudrait, avant tout et au plus vite, préparer une entente sur la solution de plusieurs questions, qui influent directement ou indirectement sur le salaire, selon les mêmes principes.

En première ligne, il y aurait à prendre en considération :

1° Le repos dominical ;

2° La restriction du travail des enfants (qui ne devraient pas être employés, dans les grandes usines, avant l'âge de 14 ans, et alors même encore à des conditions protectrices) ;

3° Puis la diminution du travail des femmes mariées dans les mines et fabriques ;

4° La défense du travail souterrain aux femmes, jeunes filles et enfants ;

5° La régularisation internationale du commerce ;

6° Enfin, des journées de travail maximales. (Cependant, en fixant cette durée, il faudra avoir égard aux différentes conditions des différentes branches du travail.)

Une entente internationale sur ces points mentionnés pourra exercer une heureuse influence sur le salaire et conduire ensuite à d'autres mesures salutaires.

(Voir aussi IVe partie.)

Réglementation de la durée du travail.

Le rapport fourni sous ce même titre au Congrès de Liège en 1890 fut accepté en principe. Ce rapport, publié à part, est trop volumineux pour être reproduit ici.

L'assurance ouvrière.

L'assurance des ouvriers contre les suites de la maladie, de l'invalidité par l'âge ou les accidents, et des chômages involontaires, est connexe à la question du *salaire.*

Elle en est le correctif moral, et, dans les conditions actuelles de l'industrie, elle complète ce que le salaire peut avoir d'insuffisant par rapport aux nécessités de l'avenir.

(Voir IVe partie : *Les assurances ouvrières.*)

DEUXIÈME PARTIE

RÉGIME DE LA PROPRIÉTÉ

Les thèses qui suivent, prises en considération à titre d'information, sont les conclusions de l'article du défunt Père Liberatore : *Una controversia intorno alla proprietà del suolo*, publié dans la *Civiltà Cattolica* (907e fascicule).

1° Le *jus gentium*, d'après les théologiens catholiques, est intermédiaire entre le *jus naturæ*, proprement dit, et le *jus civile ;* parce que ses règles découlent de la loi naturelle comme *conséquences* plus ou moins médiates, non comme détermination de principes généraux.

2° Quand on l'a dit *positif*, c'était en tant qu'on opposait le *droit positif* au *droit naturel* proprement dit, ou dans le sens des anciens jurisconsultes *(jus naturale est quod natura omnia animalia docuit)*, ou dans le sens de la scolastique, c'est-à-dire comme contenant les premiers principes de la loi naturelle et leurs conséquences immédiates.

Certainement le *jus gentium*, n'étant pas naturel dans ce sens, devra être appelée *positif*, si l'on veut diviser le droit en *naturel* et *positif*. Mais, si l'épithète de *positif* est prise dans son sens rigoureux (en tant qu'il est posé par la volonté humaine, *ex condicto aut communi placito*), le *jus gentium* ne peut être *positif*, parce que *quæ sunt juris gentium non indigent aliqua speciali institutione* (S. Thomæ Summa Th., 2a 2,æ, Q. LVII, a. 3, ad. 3) ; mais il doit être appelé droit naturel, *quia ipsa naturalis ratio ea instituit :* mais, bien entendu, droit naturel non pas primaire, mais *secondaire.*

3° Le *jus civile* est positif dans le sens rigoureux ; il dérive, lui aussi, du droit naturel proprement dit, non pas comme *conséquence* (*illazione*), mais comme *détermination* de principes universels, faite par l'autorité publique. De là il résulte que, tandis que le droit naturel proprement dit est en tout immuable, le droit civil est en tout susceptible de modification ; le droit des gens est en partie immuable et peut être en partie modifié, selon que ses règles ont plus ou moins de connexité avec les principes du droit naturel proprement dit.

4° La proprété privée appartient au droit des gens, parce qu'elle est suggérée par la nature, d'après un point de vue, non pas *absolu*, mais *relatif* au bien-être humain qui en est la conséquence. Ceci est manifestement enseigné par saint Thomas, qui, dans un des textes cités plus haut, parlant du *juste naturel*, dans le sens mentionné, indique précisément l'exemple de la propriété privée : *Puta, proprietas possessionum* (Summa Th., 2ª 2ᵉ, Q. LVII, a. 3).

5° La propriété privée provient de la nature, non par voie de *commandement*, mais par voie d'*autorisation*, et dès lors comme *faculté* morale et non comme *obligation* morale. En d'autres termes, elle vient de la nature comme *droit*, non comme *devoir*. Voilà pourquoi, bien qu'elle exige le respect d'autrui. parce que le droit est inviolable, néanmoins la personne peut librement y renoncer, parce que chacun peut renoncer à son droit, *juri suo.*

6° L'Etat n'a pas le droit d'abolir la propriété privée, parce que celle-ci n'est pas un *droit social*, mais un *droit individuel*, qui ne dérive pas de l'Etat, mais de la nature. L'Etat a même le devoir de la reconnaître, de la respecter et de la protéger, comme il a le devoir de reconnaître, de respecter et de protéger tous les droits que le citoyen reçoit de la nature et qui sont rationnellement antérieurs à la formation de l'Etat.

7° Il ne suffirait même pas du consentement de tous les États pour pouvoir décréter l'abolition de la propriété privée. Car, bien que ce qui est du droit des gens implique le consentement universel ou quasi-universel, néanmoins ce consentement s'entend des hommes en *tant qu'hommes*, non en tant que membres d'un État ; et, en outre, ce consentement est l'*effet* et non la cause de l'*enseignement* (*dettame*) de la raison qui concède ce droit, *propter utilitatem* HUMANÆ *vitæ*, non *civilis vitæ*. Le seul cas où on pourrait l'abolir, c'est celui où tous les hommes y consentiraient individuellement (*singolarmente* presi), comme il arriverait, par exemple, dans une société qui se formerait de naufragés, jetés sur une île inhabitée, qui conviendraient de posséder non d'une manière privée, mais commune.

8° Donc, *sont fausses* les deux conclusions suivantes : 1° que l'État puisse imposer la propriété en commun, s'il l'estime opportun ; 2° que, là où cela serait fait par l'autorité législative, cet acte serait en harmonie avec les principes de la théologie catholique. Il n'en est rien. Aucun État et aucun pouvoir législatif n'est par lui-même, *per se*, compétent en semblable matière, et là où il s'arrogerait une telle compétence, il serait en opposition non seulement avec la doctrine des sains (*sani*) théologiens, mais avec l'évident droit naturel de l'homme.

RÉGIME DE LA PROPRIÉTÉ RURALE.

I. La propriété rurale, par sa nature et par son but, constitue une propriété d'un caractère spécial, que son rôle social distingue des autres propriétés mobilières ou immobilières.

II. La propriété du sol rural a pour objet une chose : fonds naturel, don immédiat de Dieu, qui, par sa nature même et conformément aux vues de la Providence, a pour fins :

De porter et sustenter l'humanité ;

D'être le point fixé et solide d'attache des familles et des sociétés ;

De fournir à celles-ci le cadre dans lequel elles doivent grandir et se développer, conformément à leur vocation et à leurs destinées providentielles, destinées que manifestent au philosophe chrétien la tradition et la continuité de l'histoire.

Le sol rural est le foyer de la plupart des familles et l'élément matériel principal de la patrie.

III. L'appropriation privée du sol rural est non seulement conforme à la nature de l'homme et, par conséquent, légitime, mais elle est encore souverainement utile, même nécessaire au développement de la civilisation, parce qu'elle porte à son maximum l'activité laborieuse de l'homme :

Parce que, lorsqu'elle est bien organisée, elle favorise singulièrement la paix sociale, le bon ordre, la permanence des familles, la stabilité des foyers, enfin le bien commun (*Encyclica* : *Quod Apostolici*, *Leonis Ppœ XIII*, et S. Thomas, 2ª 2ᵆ, Q. 66, art. 2, et *Ibid.*, 2ª 2ᵆ, Q. 57, a. 3.)

IV. Le droit de propriété privée du sol rural n'est pas absolu. Il est particulièrement limité par le droit primordial de tous les hommes à l'existence, et est subordonné au droit et au devoir qu'a la société d'assurer à la famille et à la patrie leurs conditions normales de prospérité.

V. Un bon régime de la propriété rurale doit être l'expression juridique de l'accord (de l'harmonie) à établir entre les droits précités.

VI. *Divisions des propriétés.* La répartition la plus favorable de la propriété rurale présente la combinaison d'un nombre restreint de grandes propriétés, au milieu d'un nombre aussi considérable que possible de propriétés moyennes, le tout parsemé de petites propriétés (champs d'ouvriers agricoles), dans un nombre conforme aux besoins de la main d'œuvre des deux autres catégories de propriétaires fonciers.

Une règle générale pour le nombre et la grandeur de ces trois catégories de propriétés ne peut être indiquée d'une manière absolue, à raison de la grande différence des lieux et des temps. Mais on pourra facilement reconnaître si l'une ou l'autre catégorie de propriété commence à prédominer d'une façon nuisible.

VII. *Stabilité.* L'intérêt des familles, des groupes sociaux, de la société tout entière, exige la stabilité de la propriété rurale, dans une proportion et dans une mesure, et selon des modes à déterminer. La stabilité est à donner, quoique dans une proportion différente, aux trois catégories de propriété rurale. Mais il convient avant tout de l'assurer à la propriété moyenne, tant à cause de son importance pour la production que de l'utilité du maintien des familles saines et aussi de la fonction qu'elles ont à remplir.

La stabilité s'applique au moins à l'étendue nécessaire pour conserver le domaine dans la même catégorie, assurer son exploitation normale et protéger la condition sociale des familles.

Le degré de stabilité doit correspondre à l'importance de la fonction sociale dont la propriété investit le propriétaire. Ainsi :

1° Le propriétaire qui ne possède qu'un petit champ ne peut en tirer sa subsistance complète et vit surtout du travail qu'il fait sur la terre d'autrui

Il suffirait de garantir sa propriété contre la saisie fiscale et pour dettes. Il est en outre désirable de protéger les petits propriétaires par certains droits d'usage et principalement par la reconstruction des biens communaux.

2° La propriété moyenne constituant à son propriétaire et à la famille de celui-ci une existence indépendante et libre, autant que laborieuse et utile à la société, ne saurait être entourée de trop de garanties de stabilité, à savoir :

a) Insaisissabilité fiscale et pour dettes ;

b) Indivisibilité, dans les limites indiquées précédemment ;

c) Droit de préemption pour les plus proches parents, et éventuellement pour les corporations agricoles et les communes en cas d'aliénation.

3° La grande propriété investissant le propriétaire vis-à-vis de la société, non plus seulement d'une simple fonction économique, mais encore d'une fonction politique et sociale, demande aussi des garanties ; elle doit surtout être protégée, suivant les conditions particulières à chaque pays, par un droit de succession spéciale (*fidéicommis*, *majorat*, etc.).

TROISIÈME PARTIE

RÉGIME DU CRÉDIT

I

L'Union de Fribourg reconnaît que :

1° Le régime actuel du crédit constitue ce qu'on appelle « le système capitaliste » ou « le capitalisme » tout court. Ce système suppose à tort que la valeur des choses, séparée de leur substance, a, en elle-même, une utilité économique et que, par conséquent, on peut tirer de cette valeur séparée des choses un intérêt fixe ; tandis qu'au contraire, considéré en lui-même, ce procédé a les traits caractéristiques de l'*usure*, telle qu'elle est définie dans le Ve concile de Latran, par Benoît XIV et les Pères de l'Eglise (1).

2° Ce système s'appuie sur la liberté absolue du travail, de la propriété et de l'échange : sur la reconnaissance doctrinale de l'intérêt individuel (égoïsme) comme moteur unique

(1) *Pro fondamento hoc systema falso supponit, pretium rerum ut separatum ab ipsis rebus utilitatem œconomicam habere ac proinde ex ipso illo rerum prœtio, ut a rebus separato, censum annuo peti posse : quum id in se solo consideratum nihil aliud sit nisi exercere usuras, ut condemnatœ sunt ab Ecclesia et speciatim a Benedicto XIV :*

« *Ea propria est usurarum interpretatio, quando videlicet ex usu rei quœ non germinat, nullo labore, nullo sumptu, nullove periculo, lucrum fœtusque conquiri studetur.* » *(Conc. Lat. V. in Bulla : « Inter multiplices ».)*

« *Peccati genus, quod usura vocatur... in eo est repositum, quod quis ex ipsomet mutuo... (ipsius ratione mutui) plus sibi reddi velit, quam est receptum.* » *(Bened. XIV, « Vix pervenit ».)*

du travail économique et social; sur l'individualisme; sur l'idée de la productivité du capital et de l'argent; sur la considération de l'argent comme producteur général et suprême qui fructifie toujours.

Par suite de ce système on sépare les moyens matériels du travail humain; leur réunion économique s'opère par le crédit, et on arrive à la capitalisation universelle.

3° Quelques-uns des effets de ce régime du crédit sont:

a) Une concentration démesurée des puissances économiques et des fortunes et un grand développement matériel éphémère; la diminution relative de la rétribution des travailleurs, malgré l'augmentation de la productivité et de la production; la diminution de la capacité de consommation, qui doit nécessairement produire un excès relatif (partiel) de production et des crises économiques, comme nous le constatons de nos jours.

b) L'augmentation de la productivité sert principalement à la classe capitaliste et tourne au détriment des producteurs réels, surtout des journaliers, dont la situation devient de jour en jour plus précaire. Les salaires ne suivent pas la marche ascendante des capitaux.

c) La combinaison du système de crédit et de la liberté absolue de la propriété a entraîné la capitalisation et la mobilisation de la propriété foncière.

d) Au début de l'application de ce système, la valeur vénale du sol éprouve une augmentation pour les propriétaires; mais cet avantage n'est que passager et est suivi de rudes mécomptes.

e) Grevée par l'hypothèque, la terre n'a plus à faire vivre seulement les propriétaires et leurs employés, mais, avec les ouvriers et les exploitants, les prêteurs hypothécaires.

f) Le commerce perd sa base solide et voit augmenter son élément aléatoire; la morale doit nécessairement en souffrir: courir après les richesses, n'importe avec quels moyens, éloigne de la religion et nuit à la morale privée et à la morale publique.

g) La création de la dette publique perpétuelle, contractée par les États, les provinces et les communes, même pour des entreprises non lucratives.

Cette dette permet aux capitalistes de s'enrichir aux dépens de l'État par les bénéfices qu'ils réalisent sur le prix d'émission des emprunts.

Elle fournit aux spéculateurs un élément considérable pour l'agiotage et les jeux de bourse, et aux rentiers le moyen de s'approprier les fruits du travail des peuples.

h) De grandes richesses à côté de grandes misères, et non seulement des misères individuelles, mais la misère des masses ; en un mot : le paupérisme.

4° Les suites de ce régime ont donc été funestes, surtout pour la grande masse des peuples, qui est dépourvue des biens matériels et qui doit vivre du travail des mains.

Par suite du « libre jeu des forces » et de la soi-disant « loi d'airain », on peut dire que, tant que régnera le régime économique actuel, les classes ouvrières se trouveront dans une situation qui ne leur laissera aucun espoir d'une amélioration sensible et durable.

5° Ce n'est, du reste, pas toujours tel ou tel acte qui est à incriminer, c'est le régime lui-même qui est usuraire, et il l'est dans son essence, puisqu'il repose tout entier sur l'intérêt des valeurs improductives.

6° Cet état de choses, une fois établi, ne peut être modifié par des *efforts individuels*. Par certaines mesures, comme la protection des ouvriers, surtout des femmes et des enfants, les organisations du crédit, la défense de saisie des petites propriétés pour cause de dette, l'introduction de meilleures lois de succession, etc., le *pouvoir public* pourra diminuer les effets du système de crédit, mais non les détruire.

7° Du reste, le capitalisme se détruit de lui-même, en frappant les consommateurs dont il a besoin pour l'écoulement des produits du travail, source de son revenu, et en provoquant la révolte des travailleurs contre les propriétaires et contre la société qui les protège.

II

Considérant que l'Encyclique *Rerum novarum* déclare le mal social augmenté par l'usure dévorante, qui, condamnée par

l'Église à diverses reprises, n'a cessé d'être pratiquée sous une autre forme *(per aliam speciem exercetur eadem)* ;

Considérant que de nos jours l'usure nous apparaît sous l'aspect d'une exaction exercée au titre d'une productivité fictive par les détenteurs du capital sur ceux qui, par manque ou insuffisance de propriété personnelle, n'ont d'autre ressource que de mettre en œuvre le capital d'autrui ;

Considérant que, d'après le Ve Concile de Latran, il y a proprement usure quand on cherche sans travail, sans frais ou sans risque, à tirer un gain de l'usage d'une chose ne portant pas de fruit ; que, d'après une décision de Benoît XIV, l'usure consiste dans le fait d'exiger, à raison même du prêt, qu'il soit rendu plus qu'il n'a été reçu ;

Considérant enfin que, suivant la thèse adoptée par l'Union en 1887, le régime économique actuel suppose que la valeur des choses séparée de leur substance a, en elle-même, une utilité économique, et que, par conséquent, on peut tirer de cette valeur ainsi séparée des choses un intérêt fixe, que ce procédé a, en lui-même, les traits caractéristiques de l'usure.

L'Union de Fribourg se propose de chercher à saisir dans les diverses sphères de l'activité économique les manifestations de l'usure et d'indiquer les remèdes aux maux de toute sorte qu'elle engendre. A ce double point de vue, elle étudiera le régime industriel, le régime commercial, le régime de la propriété foncière et le régime budgétaire.

Elle examinera d'abord la légitimité et l'utilité des opérations de banque.

Les principales de ces opérations sont :

1° L'émission des billets ;

2° Le dépôt ;

3° L'escompte ;

4° Le virement et le *clearing*.

5° Le placement ou la vente des titres d'une entreprise nouvelle ;

6° Le prêt sur la propriété mobilière ;

7° Le prêt sur la propriété immobilière ;

8° Le prêt personnel ;

9° Les spéculations de bourse.

Emission des billets de banque.

Au sujet de l'émission des billets :

Attendu que l'établissement d'une monnaie fiduciaire se substituant pour l'échange des valeurs aux étalons métalliques, rentre dans le régime monétaire qu'il appartient à l'Etat de régler, et intéresse au plus haut point le bien général de la société ;

Attendu que les banques particulières qui se livrent à l'émission des billets acquièrent sur le marché de l'argent et des valeurs et sur l'économie de la fortune publique, par suite du régime actuel du crédit, une influence prépondérante qui peut aisément entraîner de grands abus, et notamment une nouvelle sorte d'usure déguisée au détriment des intérêts de l'industrie et de la société tout entière ;

Attendu que le bénéfice résultant de l'émission des billets de banque, alors que leur valeur n'est pas couverte par une encaisse métallique égale ou supérieure, ne doit pas appartenir à des particuliers, mais à la société tout entière ;

L'Union de Fribourg estime que cette émission doit être réservée soit à l'Etat, soit à des banques nationales sous le contrôle de l'Etat et à des conditions qui en assurent l'avantage à la société.

Sociétés anonymes.

La Société anonyme, forme toute moderne que tend à revêtir de plus en plus le contrat de société, est du nombre de ces choses qui, licite en soi, par suite de la facilité qu'elles ont à donner naissance à de grands abus ou parce que des circonstances peuvent les vicier dès leur origine, deviennent aisément dangereuses pour le bon ordre social, et appellent au plus haut degré la vigilance du législateur. Ainsi, les Sociétés anonymes, envisagées dans leur essence, ne devant pas être regardées comme des contrats usuraires, une sage politique doit néanmoins rechercher tout ce qui peut se cacher sous des apparences spécieuses ; elle doit en conséquence entourer de restrictions et de garanties rigoureuses l'institution de ces sociétés.

Le vice capital qui se rencontre habituellement dans l'application de ce système de contrat étant de laisser à des mandataires tout le fardeau d'une responsabilité qui leur est confiée par des mandants inconnus, disparaissant aussitôt après s'en être déchargés, il importe que les auteurs du mandat ne puissent pas eux-mêmes rester anonymes, afin que la responsabilité morale retombe définitivement sur eux, alors même que la loi aurait limité leur responsabilité matérielle.

Le législateur est donc fondé à imposer le titre nominatif et l'enregistrement des transferts.

De plus, la loi pourrait considérer comme une sorte de faux et qualifier de délit la cession fictive de titres en vue d'assurer à un seul détenteur ou à un groupe coalisé la prépondérance dans les votes, alors qu'il est établi que par cette cession momentanée on parvient à anéantir l'effet d'une clause essentielle de l'acte de société, interdisant à une même personne de cumuler au delà d'un certain nombre de voix.

Taux de l'intérêt.

Les nécessités de la production moderne exigent la formation de grandes sociétés de capitaux dont l'organisation est particulièrement favorable à l'usure.

En effet, pour créer ces sociétés, il faut grouper des capitaux immenses, et, dans ce but, offrir à ceux qui les possèdent à la fois les profits les plus étendus et la sécurité la plus grande possible.

Mais les sociétés ne peuvent se constituer uniquement avec les fonds fournis par des actionnaires disposés à courir les risques de l'entreprise ; elle doivent emprunter la plus grande partie de leurs ressources, sous forme d'*obligations*, ayant pour gage privilégié tout l'actif des sociétés.

A ces obligations est attribué un intérêt fixe, régulier, quels que soient les résultats de l'entreprise. Or, cet intérêt devient facilement usuraire, car il ne correspond pas le plus souvent au risque couru par le capital prêté.

Le taux de l'intérêt n'est pas fixé par une évaluation du risque, mais par le besoin des sociétés industrielles et en général par le besoin du travail de se procurer des capitaux et le plus ou moins d'abondance de ces capitaux.

Dans ces conditions, il n'est pas possible que le taux de l'intérêt, qui a une influence si grande sur la production et les salaires, puisse dépendre uniquement des fluctuations de l'offre et de la demande ; il importe donc de protéger les travailleurs contre les exigences usuraires du capital, notamment par la limitation du taux de l'intérêt.

QUATRIÈME PARTIE

ROLE DES POUVOIRS PUBLICS

ET

RAPPORTS INTERNATIONAUX

Principes d'après lesquels devrait se régler l'action du pouvoir public dans le domaine économique.

I

Dans le domaine économique, le pouvoir public a d'abord les attributions relatives à l'administration des finances et des biens de l'État. Il agit ensuite :

a) Pour régler législativement, s'il y a lieu, en conformité du droit naturel et des droits existants, les rapports mutuels entre les divers facteurs de la production ;

b) Pour réprimer les abus qui nuisent gravement au bien général ;

c) Pour diriger la politique économique du pays vis-à-vis de l'étranger au point de vue de la prospérité nationale ;

d) Pour mettre l'activité des entreprises particulières en harmonie avec le bien général tout en laissant le plus grand essor possible à l'initiative privée.

II

En raison du désordre actuel, le pouvoir public doit, législativement, au moyen de mesures limitatives, prévenir l'exploitation des ouvriers par ceux qui les emploient et empêcher que les conditions du travail ne portent atteinte à la moralité, à la justice, à la dignité humaine, à la vie de famille du travailleur. Les chefs d'entreprise doivent être également protégés contre toute violence de la part des ouvriers.

(A cet ordre d'idées appartiennent les thèses spéciales (Voir Mémoire de Liège) adoptées par l'Union, sur la réglementation du travail, sur le salaire (Voir Ire partie) et les assurances (Voir Ire et IVe parties).

III

L'action du pouvoir public dans le régime agraire tendra surtout à favoriser la production et la vente, à prévenir et à réprimer les abus nuisibles au bien général, surtout ceux qu'entraîneraient les spéculations aléatoires, à fortifier par une sage législation la propriété rurale en vue de stabiliser la population agricole, base principale de la société, et à veiller à ce que la production agricole soit conforme aux exigences du bien général.

IV

Dans les arts et métiers et le petit commerce, le pouvoir public veille à l'honnêteté de la production ; l'autorité locale, surtout en ce qui concerne les objets de nécessité, juge et décide, sauf recours au pouvoir supérieur, s'il y a lieu de limiter le nombre des entreprises et de réglementer les prix par une fixation maximale ou minimale. Il est préférable que ces mesures soient prises conformément aux propositions faites par des unions professionnelles locales.

V

Dans la grande industrie, le pouvoir public veille à l'honnêteté de la production.

Il prend les mesures propres à maintenir l'équilibre entre les diverses branches économiques du pays ;

A arrêter les procédés de concurrence déloyale et les spéculations souvent basées sur l'avilissement ou le renchérissement des prix.

VI

Le commerce en gros doit être surveillé en raison des abus qui peuvent s'y introduire et notamment des fraudes quant aux marques, à la nature, au poids, à la quantité et à la qualité des produits.

Le pouvoir peut restreindre le commerce en gros avec l'étranger, dans la mesure où il serait nuisible soit à la production, soit à la consommation.

VII

Il appartient au pouvoir d'établir le régime monétaire.

Quant à l'intervention du pouvoir dans le régime du crédit public, ce point fera l'objet d'une thèse spéciale.

Les assurances ouvrières.

L'assurance des ouvriers contre les suites de la maladie, de l'invalidité par l'âge ou les accidents et des chômages involontaires, est connexe à la question du salaire.

Elle en est le correctif moral et, dans des conditions actuelles de l'industrie, elle complète ce que le salaire peut avoir d'insuffisant par rapport aux nécessités de l'avenir.

Comme gardien et protecteur de la justice sociale, le pouvoir public a la mission :

a) De sauvegarder chez tous les membres du corps social le droit à l'existence ;

b) De veiller à ce que le salaire, tel que le comporte le régime présent de l'industrie, notamment de la grande, reçoive un complément équitable ;

c) De prévenir le danger public dont l'appauvrissement de toute une classe menacerait l'ordre social, notamment quant à la propriété privée.

La tâche du pouvoir public est donc déduite :

a) Du soin qui lui incombe de faire respecter les droits privés qui, sans son secours, seraient méconnus ;

b) Du devoir de prévoyance qu'exigent de sa part la préservation des personnes et des biens contre toute atteinte et la garantie de la sécurité publique.

Il est d'une sage politique économique que des institutions sociales stables et contrôlées évitent à l'État les charges qui résulteraient pour lui de ses obligations d'assistance publique vis-à-vis des nécessiteux.

La création d'institutions d'assurance destinées à parer à la pénurie provenant de l'imprévoyance des travailleurs ou de l'insuffisance de leur salaire incombe d'abord aux entreprises industrielles prises à part ou groupées ; l'État doit veiller :

a) A ce que les patrons contribuent dans une proportion conforme à la justice ;

b) A ce que l'administration soit économique et loyale ;

c) A ce que le capital ne soit ni dilapidé ni détruit.

Si ces institutions font défaut, l'État doit prendre des mesures législatives et administratives, sous forme même de subventions, s'il y a lieu, nécessaires pour en favoriser la naissance et en faciliter la marche.

Dans le cas où les initiatives normales seraient impuissantes ou insuffisantes, le pouvoir a le devoir de constituer lui-même une organisation répondant aux exigences de la justice et aux besoins du moment.

Pour ce qui concerne l'action des pouvoirs publics dans l'organisation corporative voir plus loin : Les principes du régime corporatif est ses avantages, nos 7 et 8).

ENTENTE INTERNATIONALE

Doivent faire immédiatement l'objet d'une entente internationale :

1° Le repos dominical ;
2° Le travail diurne, nocturne et souterrain des femmes ;
3° Le travail diurne, nocturne et souterrain des enfants ;
4° La durée des journées de travail pour les adultes ;
5° La fabrication des matières nuisibles ou explosibles ;
6° La régularisation du commerce.

(Voir du reste aussi 1re partie : *Salaire*, VII et VIII.)

Régularisation internationale de la production et du commerce.

1° Sous le terme général de toute matière et de *production*, on entend la mise en œuvre et la confection de tout objet apte, selon les circonstances, à satisfaire les besoins de l'homme.

2° La production ayant pour but de fournir à tous les hommes le moyen de pourvoir à leurs besoins, il appartient à l'autorité sociale, dans la mesure qu'exige le bien commun, d'ordonner (*ordinare*) la production.

3° Chaque corps social (nation), considéré comme unité économique, doit, suivant sa situation et ses conditions particulières, ordonner la production et l'échange des produits de manière à maintenir l'équilibre entre les principales branches de la production proprement dite et du commerce, ainsi qu'à assurer l'autonomie de son existence économique et politique.

4° De plus, il est utile que les différentes nations entretiennent entre elles des rapports commerciaux pour rapprocher les hommes et subvenir à l'insuffisance de la production nationale.

Il est donc nécessaire qu'une entente internationale règle ces rapports sur la base de la justice, facilite le commerce utile, protège son honnêteté et favorise le développement économique de chaque nation. A cette fin, il faut tendre à mettre en harmonie les législations des divers pays relativement au commerce et aux moyens d'échange.

5° Pour arriver à la régularisation de la production et du commerce, il est nécessaire que leurs différentes branches soient réglées par de sains principes économiques et sociaux.

RÉGIME CORPORATIF

I. La société est désorganisée, ou, si l'on veut, elle n'est, suivant une parole royale très profonde, *organisée que pour être administrée.* Elle n'est plus un être vivant, où chaque organe, *autonome* dans une juste mesure, joue un rôle et exerce une fonction ; elle est un *mécanisme* composé de rouages plus ou moins ingénieusement assemblés, obéissant à une force centrale motrice toute-puissante : bref, elle est un automate, et n'offre plus que l'apparence et l'illusion d'un corps animé.

La cause de cette dissolution est dans la destruction des organismes, l'on pourrait dire *des cellules sociales*, qui composaient le corps vivant de la nation ; l'effet direct de cette pulvérisation a été partout, avec la prédominance d'un individualisme sauvage, le triomphe brutal du nombre s'incarnant dans le despotisme d'un seul ou d'une foule.

Dès lors le remède est tout indiqué. Il se trouve dans le rétablissement d'un régime corporatif.

II. *L'établissement* du régime corporatif ne saurait être l'œuvre de décrets *à priori* ; il faut, par les idées, par les mœurs, par les encouragements, les faveurs, l'impulsion efficace des pouvoirs publics et la reconnaissance légale d'un droit propre, préparer activement l'établissement du régime corporatif indispensable à l'ordre social, selon un plan général conforme à la nature des intérêts privés, en même temps qu'aux fins sociales dernières auxquelles il doit conduire.

III. L'on peut *définir* de la sorte ce régime :

Le régime corporatif est le mode d'organisation sociale qui a pour base le groupement des hommes d'après la communauté de leurs intérêts naturels et de leurs fonctions sociales, et pour couronnement nécessaire la représentation publique et distincte de ces différents organismes.

IV. Le rétablissement de la *corporation professionnelle* est une des applications partielles de ce système.

V. Le régime corporatif dans sa perfection comporte l'union des maîtres et des ouvriers ; mais cette union, destinée à constituer le véritable corps professionnel, peut être préparée par la formation de groupes distincts des uns et des autres.

Les principes du régime corporatif et ses avantages.

1° La similitude des devoirs, des droits et des intérêts rapproche et groupe naturellement les hommes qui exercent une même fonction sociale.

2° Les groupes naturels et permanents qui résultent de ces rapprochements doivent posséder une forme organique et jouir d'une vie propre.

3° Leur coordination dans la société n'est pas moins nécessaire que leur organisation intérieure. En cette coordination consiste le régime corporatif.

4° Le régime corporatif est le seul dans lequel la représentation de tous les intérêts peut être assurée.

5° Il est également le plus favorable à la reconnaissance de tous les droits et à l'accomplissement de tous les devoirs sociaux.

6° On peut donc dire que le régime corporatif est la condition nécessaire d'un bon régime représentatif, ou encore que l'ordre professionnel est la base normale de l'ordre politique.

7° La corporation, étant une institution publique, doit avoir ses représentants dans les conseils de la commune, de la province et de l'État.

La plus grande diversité régnera d'ailleurs selon les pays, les traditions historiques et les besoins passagers des intéressés, dans le mode d'élection, la composition des corporations, et la proportion dans laquelle elles seront représentées dans les différents conseils du pays.

8° Le pouvoir public devra maintenir la bonne harmonie entre les différents groupes sociaux et exercer, sans se substituer à leur gouvernement intérieur, ses droits de police, de contrôle et de direction générale, dans l'intérêt supérieur de la société.

(Basée sur ces principes, l'Union a voté les thèses suivantes pour les différents groupes de la société :)

Thèses sur l'organisation corporative des arts et métiers suivies d'un de leurs modes d'application.

La profession peut être définie : l'ensemble des personnes qui exercent à un titre quelconque leur activité dans une même branche de l'ordre économique.

De même que chaque homme peut choisir son domicile, mais est astreint à se conformer aux obligations du pays où il se fixe, de même il est libre de choisir sa profession, mais il est obligé de se plier au règlement de celle qu'il embrasse.

Le besoin de coordonner les relations nécessaires des individus de même profession, de régler leurs rivalités spéciales et de définir leurs intérêts communs, fait naître entre eux un groupement naturel. L'État procède simplement à la reconnaissance publique des droits et devoirs que tout homme a en vertu de sa fonction professionnelle, en donnant à ce groupement naturel de la profession une existence légale.

Le corps professionnel est autonome. Les conditions où s'exerce la profession sont fixées par des règlement ayant pour but l'application pratique des principes généraux posés par la loi conformément aux exigences de la justice naturelle et de l'intérêt public.

Ces règlements sont le résultat d'un vote auquel sont appelés à prendre part tous les membres de la profession.

Note. — L'élaboration pourra en être confiée à un conseil professionnel composé des délégués de chaque association libre existant au sein de la profession.

L'initiative des propositions soumises à ce conseil appartiendrait à tout membre de la profession.

Cette organisation se résumerait en trois mots :

L'initiative aux individus, la délibération aux associés, la sanction à tous.

ORGANISATION DES CORPS PROFESSIONNELS.

(*Arts et Métiers ; un mode d'application*).

BUT DE LA CORPORATION.

La corporation a pour but :

1° De maintenir, sinon de rétablir et de raffermir l'esprit de corps parmi les membres d'une même profession ;

2° De sauvegarder l'honneur professionnel ;

3° De fournir au public les garanties de capacité et de probité qu'il est en droit d'exiger de ceux à qui il apporte la clientèle ;

4° De développer le bien-être moral et physique et d'accroître la prospérité matérielle de ses membres ;

5° De défendre les intérêts communs, tant vis-à vis du pouvoir de l'État que vis-à-vis des autres groupes professionnels du pays et de la concurrence étrangère.

COMPOSITION DE LA CORPORATION.

La corporation se composera de personnes appartenant, à un titre quelconque, à une même profession ou à des professions similaires s'exerçant sur un territoire d'étendue limitée. Il pourra se former des unions entre les corporations de métiers similaires.

ACTION PUBLIQUE DES CORPORATIONS.

Il sera formé, par des délégations des corporations, et à l'instar des Chambres de commerce actuellement existantes, des Chambres d'arts et métiers représentées à leur tour par des mandataires dans les assemblées provinciales ou nationales.

COMPÉTENCE DE LA CORPORATION.

Pour atteindre son but, la corporation devra :

1° Former un corps autonome revêtu de la personnalité civile ;

2° Exercer un travail disciplinaire sur ses membres ;

3° Etre pourvue d'un tribunal d'arbitrage.

ATTRIBUTIONS DE LA CORPORATION.

Il entre dans les attributions de la corporation :

1° De veiller à l'éducation des apprentis ;

2° De créer des écoles professionnelles ;

3° De délivrer les brevets de capacité indispensables pour passer du rang d'apprenti à celui de compagnon et du rang de compagnon à celui de maître ;

CONSTITUTION INTÉRIEURE DE LA CORPORATION.

4° D'instituer des Caisses de prévoyance ;
5° D'entretenir des Caisses de crédit pour subvenir, s'il y a lieu, aux besoins pécuniaires des ateliers ;
6° De pourvoir à l'achat en gros des matières premières ;
7° D'établir des moteurs, à vapeur, électriques ou autres, pour l'usage commun des ateliers ;
8° D'ouvrir des magasins de vente pour écouler les produits de vente.

Dans les conditions actuelles du régime du travail, la corporation est représentée par un Conseil se composant de patrons et d'ouvriers nommés dans leurs assemblées respectives. Ce Conseil connaîtra des conflits qui peuvent naître du contrat de travail, du règlement dans les ateliers, de la durée du travail, du salaire, de l'administration des Caisses de prévoyance, etc.

Les apprentis n'ont pas de représentation propre, mais ils sont placés sous la protection de la corporation. Leur nombre est limité selon la profession, proportionnellement à celui des compagnons.

APPLICATION DU RÉGIME CORPORATIF DANS LES DIFFÉRENTES PROFESSIONS.

Thèse sur l'organisation corporative du commerce.

I. Le commerce proprement dit, à l'heure actuelle, ne souffre pas seulement du défaut d'organisation, mais aussi et avant tout de la manière dont il s'exerce et des pratiques souvent peu avouables qui s'y sont mêlées.

II. Une certaine organisation du commerce est nécessaire, au moins jusqu'au point de pouvoir diviser ceux qui l'exercent en catégories distinctes correspondant aux besoins d'un commerce utile et moral.

III. Des corporations spéciales devront être crées pour :
1° Le commerce proprement dit (de marchandises) ;
2° Le commerce de l'argent et des valeurs (banque, change, escompte) ;
3° Le commerce des intermédiaires (commissionnaires, courtiers, etc.).

Des corporations distinctes seront créées pour le grand et le petit commerce.

IV. La classe des petits commerçants ou détaillants (débitants au détail des marchandises achetées en gros) a beaucoup de traits communs avec celle des artisans. Son organisation corporative, à l'instar de celle des arts et métiers, ne présentera donc que peu de difficultés. Elle pourrait être commencée immédiatement, indépendamment de l'organisation corporative des autres catégories de commerçants. Cette dernière pourra se faire au fur et à mesure des circonstances, mais nécessairement sur des bases analogues à celles de la grande industrie, par groupes subdivisés en patrons et en employés.

Thèse sur l'organisation corporative de la grande industrie.

La grande industrie ne saurait, pas plus que toutes les autres professions, rester dans l'état anarchique qualifié de régime de la liberté du travail. Elle ne doit pas, pour cela, être constituée par le système bureaucratique, mais bien sous le régime corporatif, tel qu'il apparaît dans l'histoire de la civilisation chrétienne.

On pourra tirer parti des groupements d'ouvriers d'une part, et des groupements de chefs d'usine de même catégorie, d'autre part, tels qu'ils existent déjà ou tendent à se former, pour organiser les uns et les autres, et les réunir dans un groupement d'ordre supérieur, lequel constituerait la corporation parfaite, ayant la personnalité civile, une juridiction spéciale, le droit de régler et de représenter les intérêts communs.

I. Les corps professionnels devraient comprendre, autant que possible, toutes les catégories d'agents coopérateurs de la profession.

a) La formation en corps professionnel autonome des membres d'une même profession, quel que soit leur degré dans la hiérarchie, doit respecter les rangs de cette hiérarchie, c'est-à-dire se constituer par ordre et non par tête.

b) Elle doit être, autant que possible, spontanée, sans exclure pour cela l'action de motifs extérieurs, légaux ou autres, qui poussent à cette agrégation.

c) Il est préférable, mais il n'est pas nécessaire, ni même toujours possible, qu'elle se produise sur la base de l'unité religieuse ; mais au moins sur celle de l'unité morale, telle qu'elle résulte de l'action séculaire du christianisme sur les consciences.

d) Le corps professionnel, la corporation, peut se composer d'une ou plusieurs usines, mais doit conserver l'unité de lieu comme condition de cohésion.

e) Il n'est pas absolument nécessaire, bien que l'état normal le comporte, que tous les patrons ni tous les ouvriers du même lieu et de la même industrie fassent partie de la même corporation, ni même d'une corporation quelconque.

f) Le personnel d'une même usine peut ne pas faire partie de la même corporation, si cette usine comprend des ateliers professionnels fort différents, comme cela se voit dans les grands établissements de construction, par exemple.

II. Les corps professionnels doivent avoir la reconnaissance légale d'un droit propre à chacune des catégories qui les composent, avec les garanties que comporte son exercice.

a) La profession doit être régie par une législation et des coutumes industrielles, variant selon le lieu et la profession mais obligatoires pour la même profession dans le même lieu.

b) Il ne suffit pas que les droits et les devoirs de chacun des éléments professionnels trouvent ainsi leur expression juridique. Il faut encore qu'il existe, dans l'intérieur de la corporation, une juridiction particulière exercée par des organes représentatifs.

c) Les organes représentatifs, c'est-à-dire formés de représentants des divers ordres de la corporation, doivent être constitués selon certaines règles de droit public, de manière que leurs jugements puissent avoir force de loi.

d) Il pourra être appelé de la décision des conseils corporatifs au conseil du *syndicat régional* des corporations similaires. Il appartiendra également à ce conseil de généraliser, dans son ressort, les bonnes coutumes et de les codifier suffisamment pour qu'elles puissent être rendues obligatoires, sauf homologation des pouvoirs publics, à tous les membres de la profession, alors même qu'ils ne feraient pas partie des corporation syndiquées.

e) Les syndicats régionaux de chaque profession unissent à leur tour leurs représentations dans les chambres industrielles régionales, conformément aux principes généraux de l'organisation du régime corporatif.

III. Les corps professionnels doivent posséder un intérêt commun à tous les éléments du corps professionnel et les institutions qui correspondent à cet intérêt.

Les trois formes les plus tangibles de l'intérêt commun sont :

1° Un patrimoine corporatif, c'est-à-dire indivisible et inaliénable, destiné à assurer le fonctionnement régulier des institutions de prévoyance et autres.

Le jour où la corporation aura atteint un degré de développement suffisant pour être reconnue comme institution publique, ces institutions pourront être étendues à tout le personnel de la profession, alors même qu'il ne serait pas incorporé ; mais l'administration du patrimoine n'appartient qu'à la corporation.

Outre les prélèvements ou versements volontaires, le patrimoine corporatif peut être fourni statuairement par un *quantum* sur la production.

Il est bon qu'il soit établi en valeurs privilégiées.

L'autorisation administrative nécessaire à la constitution d'un établissement industriel sous forme de société anonyme peut être subordonnée à la condition, pour les fondateurs, de réserver immédiatement un *quantum* pour la formation du patrimoine corporatif.

La constitution de ce patrimoine doit être telle que chaque ayant droit ne soit pas frustré par suite d'un changement d'établissement, mais que ses droits acquis restent à la garde du syndicat régional.

2° L'ascension professionnelle, qui assure à l'ouvrier une situation s'améliorant toujours, soit sous forme de salaire, soit sous forme de place plus élevée et plus avantageuse, ou même simplement de distinction honorifique.

3° Enfin, l'établissement d'un règlement de fabrique avec participation des ouvriers.

IV. Pour introduire le régime corporatif dans la *grande industrie*, on doit donc s'efforcer d'établir dans les groupes régionaux d'usines similaires :

Une hiérarchie professionnelle ;

Un patrimoine corporatif ;

Et tirer parti des groupements d'ouvriers, d'une part, et des groupements des chefs d'usine de même catégorie, d'autre part, tels qu'ils existent déjà ou tendent à se former, pour organiser les uns et les autres et les réunir dans un groupement d'ordre supérieur, lequel constituerait la corporation parfaite, ayant la personnalité civile, une juridiction spéciale, le droit de régler et de représenter les intérêts communs.

Thèses sur l'organisation corporative dans les professions libérales.

L'organisation corporative des professions libérales rencontre d'autant moins de difficultés que des corps professionnels se trouvent déjà formés, dans la plupart des pays, soit en vertu d'anciennes coutumes, soit par des institutions de date récente, tantôt reconnues par la loi, tantôt s'imposant par la force des choses (universités, chambres d'avocats, chambres de notaires, académies et autres).

L'utilité de ces groupements n'est pas moins évidente pour les individus qui en font partie que pour le bien commun. La sauvegarde des intérêts et de l'honneur professionnel, la conciliation d'intérêts opposés profitent, en effet à la société toute entière autant qu'elles assurent le bien être individuel.

Par conséquent, il est désirable de faire participer aux bien faits de l'organisation corporative toutes les branches des professions libérales, et de donner à leur organisation les conditions de stabilité et d'autonomie nécessaires à leur plein développement.

Pour la composition, les subdivisions et la réglementation

des divers groupes professionnels, il faut tenir compte, comme de raison, du caractère propre à chacun d'eux et des exigences particulières de leur situation dans chaque pays. Les principes suivants peuvent cependant être considérés comme d'application générale :

Les corporations auront une juridiction propre avec pouvoir exécutif.

Elles seront les organes ordinaires par lesquels le gouvernement pourvoit à l'exécution de toutes les dispositions prévues par la loi et le droit concernant les membres des corporations comme tels.

La création et l'administration de caisses de secours et de prévoyance rentrent dans leurs attributions.

Elles grouperont les individus qui exercent la même profession sur un territoire limité. Au besoin elles s'uniront en fédération avec les corporations similaires de tout le pays.

Les principaux groupes de professions libérales seront ceux des personnes vouées à l'enseignement, avocats, notaires, médecins, pharmaciens, vétérinaires, ingénieurs, architectes, littérateurs, artistes.

Les auxiliaires collaborateurs des membres des professions libérales entreront avec des droits propres dans les corporations respectives.

Il va sans dire que ni le clergé, qui forme un état à part, ni les fonctionnaires publics et les militaires, comme tels, ne seront considérés comme compris dans les professions libérales.

Thèses sur l'organisation corporative des classes agricoles.

I. L'organisation des classes agricoles dans un ordre social chrétien comporte des principes généraux communs aux divers pays, et des dispositions d'application variables entre ces mêmes pays et même au sein de chacun d'eux.

II. La classification des agriculteurs en trois catégories principales, suivant le caractère de l'exploitation, savoir :

a) Celle qui emploie la main-d'œuvre étrangère ;

b) Celle qui n'emploie habituellement que la main-d'œuvre de la famille du cultivateur ;

c) Celle qui, ne suffisant pas à occuper et à nourrir la famille de l'exploitant, laisse une partie de sa main-d'œuvre disponible pour d'autres exploitations.

Chacune de ces catégories doit être considérée comme fournissant les éléments constitutifs d'un ordre distinct des autres par le fait de sa fonction sociale, et devant avoir comme tel sa représentation propre au premier degré de l'organisation générale.

Au deuxième degré de cette organisation générale, ces trois ordres doivent, sans être confondus, être réunis dans les Chambres ou Unions corporatives.

III. Là où les trois ordres présentent des caractères historiques ou économiques profondément distincts, chacun d'eux devra être organisé localement, d'une manière très complète, pour former un corps autonome à lui seul.

Là où la division de la propriété, la densité de la population et tout ce qui constitue l'état social, auront nivelé davantage ces distinctions, chaque ordre pourra faire partie constitutive du même corps sans cesser pour cela d'y conserver une certaine vie propre.

IV. La capacité à faire partie d'un *ordre* déterminé ne saurait non plus être réglée de la même façon en chaque pays ni même en chaque région :

Là où les propriétaires fonciers sont restés fortement attachés au sol et en possession d'une juste considération, ils formeront l'élément principal et peut-être même unique des corporations agricoles ;

Là au contraire où les liens du propriétaire avec le sol et avec les populations rurales se sont relâchés par un absentéisme systématique et par l'effacement des notions du devoir social, ce sera l'élément exploitant directement le sol qui prédominera naturellement dans les corporations agricoles.

V. Les corporations du premier degré ont pour mission de servir les intérêts professionnels communs, tant moraux que matériels, de leurs membres, en organisant, entre autres, des institutions d'arbitrage, de prévoyance et d'assistance, et des sociétés de consommation, de production, de vente et de crédit.

Au deuxième degré, les Unions corporatives ont pour mission de veiller aux intérêts généraux des corporations du premier degré :

1° En les aidant à organiser dans le sein de chacune d'elles, ou en organisant pour leur ensemble les institutions précitées ;

2° En établissant les institutions nécessaires pour leur rendre les services d'un ordre plus élevé, tels que l'enseignement professionnel, les informations utiles, etc. ;

3° En figurant dans l'organisation administrative et politique du pays, comme élément de consultation et de représentation.

Imprimeries réunies du Centre. — Tours et Blois.
Blois, 2, rue Haute.
EMMANUEL RIVIÈRE, ingénieur E. C. P.

Imprimé par des ouvriers payés au tarif accepté par la Fédération des travailleurs du Livre pour la région.

www.ingramcontent.com/pod-product-compliance
Ingram Content Group UK Ltd.
Pitfield, Milton Keynes, MK11 3LW, UK
UKHW020953220726
13924UKWH00002B/672

9 782019 919665